Carlo M. Martini

Hoffnung der Weihnacht

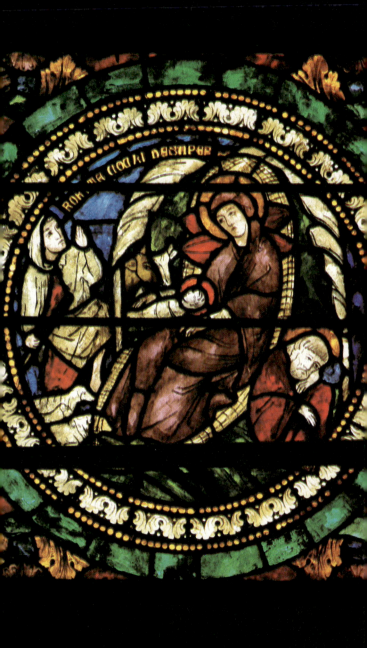

Carlo M. Martini

Hoffnung der Weihnacht

Herder

Freiburg · Basel · Wien

Aus dem Italienischen übersetzt von:
P. Dr. Radbert Kohlhaas OSB

Umschlagbild: Geburt Christi und Verkündigung an die
Hirten. Evangelistar aus Groß St. Martin, Köln. Bibliothèque
Royale, Brüssel.

Alle Rechte vorbehalten – Printed in Germany
© Verlag Herder Freiburg im Breisgau 1983
Herstellung: Freiburger Graphische Betriebe 1983
ISBN 3-451-19 988-2

Vorwort

In der Nacht, im Dunkel der Weltstunde geschieht Weihnachten. Wie die Hirten erwarten wir, die wir heute den „Schatten des Todes" (vgl. Lk 1,79) besonders bedrohend erfahren, das Unerwartbare: das Licht, das in der Finsternis leuchtet, das Wort Gottes, das Mensch wird. Die Wirklichkeit des Heils ist das Angebot an unsere Freiheit, das wir annehmen oder dem wir uns verweigern können. Weihnachten auf Grund dieser Wirklichkeit feiern heißt, dem Herrn „Platz machen", der kommt.

Dazu möchte dieses Bändchen eine Hilfe sein. Die hier vorgelegten Betrachtungen hatten ihren ursprünglichen Ort in der Feier der Eucharistie an Weihnachten, im immer neu zu erfüllenden Dienst der Verkündigung der Geburt des Herrn.

Mailand, 4. Oktober 1983

† Carlo M. Card. Martini

Titelbild: *Geburt Christi*. Glasbild aus dem linken Chorfenster der Oberkirche von S. Francesco in Assisi, zweite Hälfte des 13. Jahrhunderts.

Inhalt

Vorwort 5

Wort der Hoffnung 9

Licht im Dunkel 17

Jesus, das Licht Gottes 25

Gott schenkt uns Vertrauen 33

Das Angebot an unsere Freiheit 43

Was in den Augen Gottes zählt 51

Weihnachten für die Stadt und Weihnachten für die Welt 57

Wort der Hoffnung

Die Weihnachtsszene, die wir in der Krippe betrachten, ist eine Szene ohne Worte. Wir sehen Maria, das Kind, Josef. Niemand spricht. Es ist ein Geschehen, das sich im Schweigen abspielt. Und auch, als die Hirten, von denen uns das Evangelium berichtet, Maria, Josef und das Kind aufsuchen, ist von keinem Wort die Rede, das sie miteinander gewechselt hätten, von keinem Gefühlsausdruck, von keiner Mitteilung dessen, was sie im Herzen vernommen haben. Eine Szene, die sich im Schweigen abspielt und daher im Lukasevangelium dreimal als „Wort" bezeichnet wird. Und sogar dieser, im Urtext griechische Ausdruck ist so schwer wiederzugeben, daß er auch in unserer Übersetzung mit drei verschiedenen Wendungen wiedergegeben wird.

In der Übersetzung heißt es, daß die Hirten zueinander sagten: „Kommt, wir gehen nach Betlehem, um das Ereignis zu sehen." Im Urtext heißt es jedoch: „Um das *Wort* zu sehen."

Im Bericht heißt es weiter, daß die Hirten, als sie hinkamen, „erzählten, was ihnen über dieses Kind gesagt worden war". Auch hier ist bemerkenswert, daß die Hirten nicht verkündeten, was sie gesehen hatten, sondern *„das Wort"*.

Sodann heißt es, daß Maria ihrerseits „alles, was geschehen war, in ihrem Herzen bewahrte"; im griechischen Text steht aber: „Maria bewahrte all diese *Worte.*"

Dieses Geschehen wird uns also als ein Wort vorgestellt, das man sehen, ein Wort, das man verkünden, weitererzählen, ein Wort, das man meditieren und bewahren kann. Weihnachten ist ein Wort, ein Ereignis, das spricht, ein Geschehen, das etwas aussagt, dessen Sinn man über das hinaus interpretieren und verstehen muß, was wir sehen oder was unsere Gefühle verschwommen nachvollziehen, wenn sie Eindrücke der Vergangenheit wieder aufleben lassen. Das Weihnachtsfest hat für uns eine Botschaft.

Erwartungen an Weihnachten

Was sagt uns das Weihnachtsfest, so wie wir es in unserer Gesellschaft heute leben?

Sicher erleben wir es als etwas, das in uns viele Erwartungen weckt. Sie finden ihren Niederschlag in unseren gegenseitigen Fest-

Ich verkünde euch ein große Freude, die dem ganzen Volk zuteil werden soll: Heute ist euch in der Stadt Davids der Retter geboren; er ist der Messias, der Herr.
Lukasevangelium 2,10f

Geburt Christi. Gemälde von Hans Memling, um 1470. Madrid, Museo del Prado.

tagsgrüßen, in denen wir der Hoffnung Ausdruck geben, daß das nächste Jahr besser wird als das vergangene, daß die künftigen Tage nicht gar so traurig werden, wobei wir an mancherlei Ereignisse in unserer Umgebung wie in weiter Ferne denken. Sogar der Brauch, einander zu beschenken, der bisweilen zur „Geschenkneurose" ausartet, ist Ausdruck einer Sehnsucht und eines tiefen Bedürfnisses, eines großen Verlangens, den anderen zu bekunden, daß wir den Austausch mit ihnen suchen, daß wir ihnen nahe sein wollen.

An Weihnachten meldet sich auch mit Macht das Verlangen, Verständnis zu finden, auch selbst etwas von den andern zu hören, Kontakte wieder aufzunehmen, besonders solche, die abgerissen sind, weil es an Möglichkeiten und Gegenseitigkeit gebrach. Weihnachten ist ein Tag, an dem auch jemand, der nicht glaubt, voller Erwartungen ist, voller Sehnsucht nach Austausch und Verständnis.

Aber an Weihnachten – und das ist seltsam, wenn wir es auch mehr oder weniger alle spüren – steigern sich auch bei uns Nervosität und Enttäuschung: nichts klappt, wie wir es uns gewünscht hätten; das traute Beisammensein in der Familie ist uns nicht so geglückt, wie wir es gern gehabt hätten; vielleicht haben sich auch die Kinder schon vorzeitig verabschiedet und sind nicht einmal zum Weihnachtsessen geblieben; wir haben mit den Geschenken, die wir gemacht und erhalten haben, nicht zum Ausdruck bringen können, was uns am Herzen lag. Dann befällt in der Weihnachtsstimmung eine leise Traurigkeit unser Herz und auch – was die Festtagsgrüße tarnen wollen – eine gewisse Skepsis den Dingen und Ereignissen gegenüber: ist es doch mit der Welt trotz all der Hoffnungen bergab gegangen; und das wird so bleiben.

Daher ist es wichtig, daß wir begreifen, was Weihnachten uns für diese, unsere Alltagswirklichkeit zu sagen hat als Wort, das in leuchtenden Farben erstrahlt und dabei vielleicht auch einen Unterton von Traurigkeit und Melancholie mitschwingen läßt.

Zusage von Weihnachten

Weihnachten ist ein Wort Gottes, wie es das schon für die Hirten, für Maria und Josef gewesen ist. Ein Wort Gottes an uns, die wir wie die Hirten im Dunkel der Nacht warten, daß etwas geschieht; für uns, die wir uns wie Maria über die Geburt eines Kindes freuen wollen; für uns, die wir vielleicht wie Josef eine Wohnung suchen und keine finden, um eine Familie gründen zu können.

Zusage von Weihnachten

Das Wort des Weihnachtsfestes kann man nicht losgelöst betrachten oder knapp zusammenfassen; denn Weihnachten ist ein Neubeginn, dessen ganze Bedeutung man letztlich nur im Licht des ganzen Lebens Jesu begreifen kann. Seine Geburt ist die Geburt dessen, der uns durch sein Leben, seinen Tod und seine Auferstehung das Heilswort Gottes an den Menschen verkündet, das unwiderrufliche Gericht Gottes über den Menschen, das ein Gericht der Liebe ist. Mit diesem Kind, das zu weinen und zu strampeln beginnt und bald auch lächeln wird, hebt dieses Wort an: jeder von uns wird von Gott über alles geliebt; jedem ist vergeben, jeder ist angenommen und in seinem Innern zum neuen Leben geboren.

Jesus offenbart uns in seinem Erbarmen mit den Kranken, in seiner Hinwendung zu den Armen, mit seiner Vorliebe für die Verstoßenen und die Sünder, für die an den Rand der Gesellschaft Gedrängten, in seiner Fähigkeit, die Jünger zu lieben und für sie zu sterben, daß es nicht stimmt, daß für den Menschen alles verloren ist, daß für morgen nichts als Skepsis und Furcht bleibt, sondern daß vielmehr Tod, Einsamkeit und Verzweiflung überwunden sind für den, der dieses Kind aufnimmt wie die Hirten, der es voll Freude allen weitersagt, zu denen er hinkommt.

Das letzte Wort über den Menschen besagt, daß er geliebt ist, frei und fähig ist, den Weg zum Guten einzuschlagen, und mit dem Jesuskind, wie neugeboren, sein Leben und den Aufbau der Gesellschaft wieder neu beginnen kann.

Dieses Wort der Hoffnung ist es, das hinter allen Festtagsgrüßen steht, die wir einander senden; es ist der wahre Sinn aller Gaben, die wir einander schenken. Ist doch letztlich die unendliche Sehnsucht, sich auszutauschen, zu lieben, verstanden und geliebt zu werden, der Grund unserer Nervosität, unseres Gezänkes, unserer Unfähigkeit, die Weihnachtswoche sinnvoll zu gestalten, und des Zwistes, der manchmal um Kleinigkeiten geht.

Das Kind, das zu uns kommt, ist das Zeichen dafür, daß Gott uns das Tor geöffnet hat, das auf diesen Lebensweg hinausführt.

So laßt uns denn auch wie die Hirten sagen: Wir wollen uns dieses Wort einmal näher anschauen und berichten, was man uns von diesem Kind erzählt. Wir wollen wie Maria all das meditieren und in unserem Herzen bewahren, damit es nicht nur flüchtiger Eindruck bleibt, sondern in uns zur hellen Flamme wird, die uns das ganze Jahr hindurch, was immer es uns auch bringt, begleitet und Freude, Freiheit und Frieden verheißt.

Licht im Dunkel

Es mag seltsam klingen, aber es ist mir immer sehr schwer gefallen, in der Christnacht zu predigen. Das liegt sicher nicht am Mangel an geeigneten Themen. Erinnern wir uns doch gerade bei dieser Gelegenheit der schönsten Bräuche unserer Kindheit, der Fülle all dessen, was sich in den verschiedenen Kulturkreisen um dieses Fest herausgebildet und es für alle so bedeutsam gemacht hat, der Hoffnungen in den Familien, des Lächelns der Kinder, das uns beim ersten Blick auf das Jesuskind entgegenstrahlt.

Sodann steht dem Weihnachtsfest, wie es sein wollte, dem Weihnachten der Freude und des Friedens, des trauten Beisammenseins in der Familie sozusagen als Kontrast das Weihnachtsfest gegenüber, wie es nicht sein sollte: Familien, die sich entzweit haben, die Kranken, gesellschaftliche und politische Verhältnisse, die es mit sich bringen, daß Gewaltherrschaft die Freiheit niederhält, daß viele in Furcht vor Leiden oder Gefängnis leben müssen.

Wenn das Weihnachtsfest, das Fest, wie wir es uns wünschen, uns mit seiner Musik und seinen Liedern erhebt, so versetzt uns das Weihnachtsfest, wie wir es uns nicht wünschen, in Angst und Schrecken. Doch wir hätten auch nach Abhandlung all dieser Themen vom eigentlichen Weihnachtsgeheimnis sozusagen noch nichts erwähnt und wären an der Grenze des Landes stehengeblieben, in dem uns das Geheimnis Gottes offenbart wird, wären nicht bis zum Gotteswort vorgedrungen, das in dieser Nacht jedem von uns etwas sagen will.

Deshalb müßte man jetzt wohl nicht so sehr über dieses Geheimnis reden als vielmehr schweigen und es anbeten, vor ihm niederknien, wie der heilige Franz von Assisi es in seiner lauteren Einfalt getan hat, als er vor dem mit lebenden Figuren gestellten Krippenbild zu schauen und zu singen begann, ohne es mit Worten erklären, ausdrücken oder begründen zu können.

Licht, das die Finsternis nicht erfaßt

Wenn ein Wort uns einen Schlüssel zu dem Geschehen geben könnte, das sich nun mitten unter uns vollziehen wird, das durch diese Eu-

Ihr werdet ein Kind finden, das, in Windeln gewikkelt, in einer Krippe liegt. Und plötzlich war bei den Engeln ein großes himmlisches Heer, das Gott lobte und sprach:
Verherrlicht ist Gott in der Höhe, und auf Erden ist Friede bei den Menschen seiner Gnade.

Lukasevangelium 2,12–14

Geburt Christi. Gemälde von Peter Paul Rubens. Fermo, Museo e Pinacoteca Comunali.

charistie wieder neue Wirklichkeit wird, könnte das Wort aus dem Johannesevangelium sein, das wir gehört haben: „Das Licht leuchtet in der Finsternis, und die Finsternis hat es nicht erfaßt" (Joh 1,5).

Da ist die Rede von Finsternis, von Nacht und vom Licht. Es scheint, wir sehen die Krippe vor uns, von der wir im schwachen Flackern eines Öllämpchens nur die Hütte erkennen, während ringsum nur Finsternis herrscht.

Finsternis ist all das, was es in der Welt gibt an Verwirrung, Sinnleere, Selbstherrlichkeit und dem Bemühen, unser Leben einzig auf dem Fundament unseres Ich aufzubauen und uns einzig auf unsere schwachen und armseligen Kräfte zu verlassen. Solch ein Bemühen führt oft zu Bitterkeit und Verzweiflung oder wenigstens zur Resignation angesichts all dessen, was wir nicht leisten und erreichen können. Die Finsternis in uns und in unserer Umgebung ist die Sinnlosigkeit unseres Hoffens und Lebens; wir schleppen uns von einem Tag zum anderen in der Hoffnung auf eine bessere Zukunft, die doch nie kommt, und versuchen, uns mit den Banalitäten des Alltags zu betäuben, ohne je ernstlich darüber nachzudenken, worin eigentlich der Sinn unseres Leben besteht.

Diese Verwirrung erfaßt oft weite Bereiche: jeder von uns trägt sie im eigenen Herzen, und in der Gesellschaft wird sie nur noch verstärkt und äußert sich in so vielem, was uns umgibt, in so viel Unsinnigem, das es weder in unserer nächsten Umgebung noch in der Ferne geben dürfte. Deshalb empfinden wir auch diese Finsternis in der Welt so schmerzlich.

In dieser Finsternis erstrahlt das Licht. Gewiß, es ist kein großes Licht, dieses Licht, aber wir wissen alle, daß dort, wo schwärzeste Finsternis herrscht, ein kleines Flämmchen genügt, den Bann der Furcht zu brechen, daß ein Augenblick, ein Ruck genügt, Hoffnung zu wecken und so zu bewirken, daß diese Finsternis nicht mehr unerbittliches Schicksal, sondern etwas ist, worin wir leben und weitergehen können.

Dieses Licht, das in der Finsternis leuchtet, ist kein Zufallsereignis, sondern eine personhafte und lebendige Kraft, die uns der Verwirrung und der Sinnlosigkeit entreißt, um uns eine Richtung und die Fähigkeit zu geben, weiterzugehen, uns zu bewegen und zu sehen, wohin unser Weg führt.

Das Licht erkennen

Die erste Lesung der Messe in der Heiligen Nacht gibt dieser Erleuchtung einen anderen Namen: die Heimkehr des Herrn nach Zion (vgl. Jes 9, 1–3.5–6).

Das Volk in der Fremde, das heimatlos ist, findet wieder den Weg nach Hause; der Mensch, der sich selbst fremd geworden ist, findet wieder den Weg zur klaren Selbsterkenntnis; eine Gesellschaft, die sich heillos verlaufen hat, findet wieder eine Richtung und Mut für ihr Leben.

Das Licht, das in der Finsternis leuchtet, ist kein abstraktes Licht, kein Gemeinplatz, nicht einfach Aufforderung, einander gut zu sein. Es ist etwas lebendiges und personhaftes, es ist Jesus Christus, der Sohn Mariens und der Sohn Gottes. Maria, die Mutter Jesu, ist die erste, die all das ganz verstanden hat, daß ihr Leben einen völlig neuen Sinn erhalten hat, daß das Leben der Menschheit in diesem Kind, das da vor ihr lag, neu geworden ist.

Dieses Licht, so sagt es uns das Evangelium, hat die Finsternis nicht zum Erlöschen gebracht. Ist es einmal in der Welt, in uns selbst, in einer Familie, in der Gesellschaft entfacht, so kann keine Macht es auslöschen. Die Finsternis hat über dieses Licht keine Gewalt.

Licht im Dunkel

Dieses Licht, das in uns brennt, das jeder wieder in sich aufspüren soll, ist die Gewißheit, daß Gott in Jesus Christus unsere Welt hier, unsere Gesellschaft und unsere Stadt in dieser Zeit liebt.

Trotz allem, trotz aller Finsternis und aller Furcht, besitzen wir in Jesus Gottes Liebe und können unserem Leben einen positiven und echten Sinn geben.

Dieses Wort, das im Anfang war und in der Geschichte Fleisch geworden ist, ist für uns hier, um unserem Leben einen Sinn zu geben, um uns zu sagen, daß unser weihnachtlicher Segenswunsch „Frohe Weihnacht!" und alles Schöne, Wahre und von altersher Lebendige, was wir mit dem Weihnachtsfest verbinden, nicht einfach sinnlose Zeremonie ist, sondern Heilswunsch, der jedem von uns gilt.

Das Licht leuchtet in der Finsternis, die Finsternis kann es nicht ersticken; denn das Licht, das in uns erstrahlt, ist stärker als alle Gewaltherrschaft, ist stärker als alles, was es auslöschen möchte.

Das sei unser Weihnachtswunsch: daß jeder im eigenen Herzen, in den Familien, in seiner Umgebung wie Maria den Blick dafür bekommt und in der Finsternis das Licht erkennen lernt, das unser Leben ändert.

Jesus, das Licht Gottes

Frohbotschaft des Glaubens

Das Evangelium von der Geburt Christi ist so tief in unser geistliches Leben eingegangen, daß es schon zu den innigsten Bildern unserer Herzenswelt gehört.

Die Ereignisse um Maria, Josef, Jesus und die Hirten von Betlehem sind so allgemein in unsere Tradition eingegangen, daß sie Gefahr laufen, ihre Einmaligkeit zu verlieren und zum rührenden poetischen Symbol für die Geburt des Menschen oder zum Bild für alle Armut in der Welt zu werden, die nach Kampf, Revolution und Veränderung ruft.

So sehr haben wir uns dieses Evangelium zu eigen gemacht, daß es uns wie eine selbstverständliche Folge von Ereignissen vorkommt: der Erlaß zur Volkszählung, der Aufbruch der Heiligen Familie von Nazaret, die Ankunft in Betlehem, die Geburt, die zur Krippe eilenden Hirten.

Wenn man aber das Lukasevangelium einmal aufmerksam liest, stellt man zwischen dem ersten Teil seines Berichtes, der die Ereignisse schildert, und dem zweiten, der das Geschehen gläubig betrachtet, einen plötzlichen Szenenwechsel fest: die Himmel tun sich auf; durch die milde morgenländische Nacht ziehen Engelprozessionen; das neugeborene Kind wird zum Gegenstand feierlicher Proklamationen.

Es ist die Rede von der „Herrlichkeit" Gottes. Es erklingt eine „Frohbotschaft". Von Jesus heißt es, er sei „der Retter", „der Christus", „der Herr". Diese Worte leben aus dem Glauben der ersten Christen, die nach dem Osterereignis versucht haben, das Geheimnis des Lebens, des Todes und der Auferstehung Jesu in Worte zu fassen, wobei sie genau das verkündet haben, daß nämlich die Herrlichkeit Gottes sich in Jesus offenbart hat, weil Jesus der Christus, der von Gott verheißene Messias, ja sogar daß er selbst der Retter, der Herr, der Gott-mit-uns ist, der Gott, der persönlich in unsere Geschichte eingeht und unser Menschsein bis hin zum Tode mit uns teilt, damit wir an seinem Leben und an seiner Gnade Anteil hätten. Das ist das Evangelium, die Frohbotschaft, die die Urkirche allen Menschen verkündet, die Gott liebt. Das Evangelium von der Geburt Jesu verkündet so den Glauben an Christus, den Retter und Herrn,

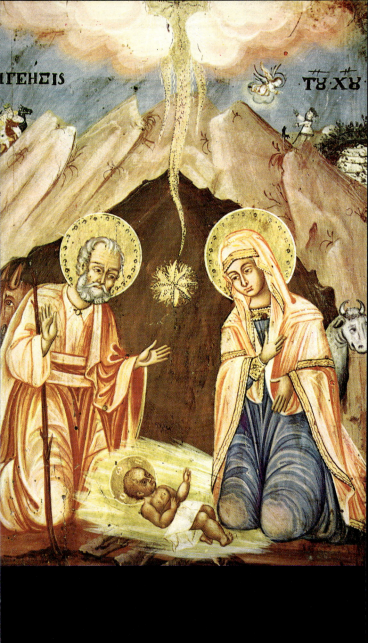

In ihm war das Leben, und das Leben war das Licht der Menschen. Und das Licht leuchtet in der Finsternis, und die Finsternis hat es nicht ergriffen. Das wahre Licht, das jeden Menschen erleuchtet, kam in die Welt.

Johannesevangelium 1,4f. 9

Anbetung des Kindes. Griechische Ikone, um 1750. Luzern, Privatbesitz.

und führt ihn von Ostern zurück bis hin zu dem Augenblick, da Jesus seinen Einzug in unsere Geschichte hält.

Jesus anschauen

Die erste Kunde von Weihnachten, wie der Abschnitt im Lukasevangelium (2,1–20) sie uns nahelegt, fordert uns wohl eigentlich dazu auf, den Bericht von der Geburt Jesu nicht dazu einzuspannen, einfach unser allgemein menschliches Empfinden zur Poesie des Lebens oder zum Kampf gegen die Armut auszudrücken. Der Geburt Jesu müssen wir uns demütig nahen und damit einverstanden sein, daß sie uns etwas erzählt, was unseren Horizont sprengt, von Engelprozessionen, von einem Retter, einem Messias und einem Herrn, der von oben kommt.

Lassen wir uns von dieser Stelle des Evangeliums in die Bewegung des Glaubens hineinziehen, aus dem sie lebt. Wir werden mit dankbarem Staunen und zugleich auch ganz objektiv-vernünftig entdecken, daß der Mensch, der hier aufgefordert wird, über sich hinauszuschauen, in Wirklichkeit sich selbst findet. Wie oft hören wir: „Schauen wir doch nicht immer über uns selbst hinaus: Bleiben wir doch auf dem Boden der Realität ..." Ich nehme die Herausforderung an. Bleiben wir auf dem Boden der Realität. Aber ist die realste, objektivste, ja, allernatürlichste Erfahrung, die wir mit uns selbst machen, nicht etwa die, daß wir immer auf der Suche nach Größerem sind, nach etwas, das über uns hinausreicht, nach Überirdischem?

Wenn wir den Mut aufbringen, diese erste Kunde von Weihnachten anzunehmen, d. h., wenn wir den Mut aufbringen, Jesus anzuschauen, nicht nur das Symbol für unser menschliches Empfinden, sondern auch und vor allem den uns vom Vater geschenkten Retter, dann entdecken wir noch eine tröstliche Botschaft. Jesus lenkt unsere Blicke, die wir auf den Vater gerichtet haben, der uns in Jesus sein eigenes Antlitz gezeigt hat, wieder auf uns selbst, auf unser Leben, auf die Geschichte unserer Brüder. Aber nachdem sie sich mit dem Blick Gottes gekreuzt haben, der in Jesus zugegen ist, können sie die Dinge des Alltags in ganz neuem Licht sehen. Die ärmlichen, schlichten, unansehnlichen Alltäglichkeiten, die wir am liebsten gar nicht zur Notiz nähmen, sehen wir auf einmal um Jesus versammelt. Sie geben den Rahmen zu seiner Geburt ab: ein ärmlicher Raum, arme Leute, einfache Windeln, unansehnliche Gaben.

Unser Blick geht normalerweise flüchtig über alles hinweg: er huscht über die Dinge, ohne ihnen liebevolle Aufmerksamkeit zu schenken. Unser Blick ist wählerisch: für das, was uns keine Mühe macht und gut aussieht, ist er zu haben, und den Gegebenheiten, die unseren Einsatz fordern, weicht er aus.

Unser Blick ist begehrlich: er ist versucht, Dinge und Menschen zu erhaschen, um sich ihrer zu bedienen. Aber wenn wir es fertigbringen, auf das Licht Gottes zu achten, das in Jesus aufstrahlt, tun sich vor uns neue, erstaunliche und unerschöpfliche Möglichkeiten auf, zu schauen und zu verstehen.

Hoffnung wecken

Vor allem müssen wir den Mut finden, unsere Blicke auf das Geheimnis Gottes zu richten. Vielleicht macht es uns Mühe, uns Gott zu öffnen, weil wir uns nur oberflächlich mit ihm beschäftigen, ohne einmal den unter Umständen nur undeutlichen oder verzerrten Vorstellungen nachzugehen, die wir von ihm besitzen. Gewöhnen wir uns doch daran, Gott in und durch Jesus zu sehen. Die Suche der Menschen nach Jesus ist Wort Gottes, sie führt zum Gott der Güte, der Vergebung und des Bundes.

Dann müssen wir auch wieder den Mut finden, die Dinge, die Menschen und die Ereignisse mit dem einfachen, ruhigen, beschaulichen, geduldigen und ermutigenden Blick anzuschauen, der Gott selbst eigen ist. Vor allem brauchen wir diesen Blick für Situationen, die uns nutzlos, unbeweglich und passiv vorkommen wie Krankheit, Alter und aussichtslose Fälle: auch in solchen Situationen noch Hoffnung zu wecken, das ist die Herausforderung, die Verpflichtung und die Gabe unseres Weihnachtsfestes.

Gott schenkt uns Vertrauen

Das Volk, das im Dunkel lebt, sieht ein helles Licht; über denen, die im Land der Finsternis wohnen, strahlt ein Licht auf" (Jes 9,1). So stellt uns der Prophet Jesaja das Geheimnis der Erscheinung der Gnade Gottes unter den Menschen dar, so stellt uns die Kirche das Geheimnis vor Augen, das das Weihnachtsfest ist: Licht im Dunkel, Licht, das im Land der Finsternis aufstrahlt.

Auch das Evangelium schildert uns die Erscheinung der Engel vor den Hirten mit den Worten: „Der Glanz des Herrn umstrahlte sie" (Lk 2,9).

Diese Worte – „Licht im Dunkel", „Licht, das im finsteren Lande aufstrahlt" – rufen vieles in uns wach: sie sind Gleichnis, Symbol von großem Wirklichkeitsgehalt. Dem Propheten, der zu den Menschen seiner Zeit sprach, ging es um das Heil, das Gott seinem Volk kundtun wollte, obgleich die Lage dieses Volkes, das keine Zukunft mehr zu haben schien oder in dessen Zukunft sich nur Kriegs- und Todesvorstellungen drängten, erbärmlich war; der Liturgie, die diese Worte an alle Menschen richtet, geht es um Gottes Licht, das im Dunkel der Sünde aufstrahlt, in der Finsternis, in der der Mensch sich befindet, die ihn daran hindert, Gott, sich selbst und seine Zukunft zu erkennen.

Vom Vertrauen leben wie das Kind

Wenn wir, vielleicht noch mehr auf uns persönlich bezogen, sagen müßten, was dieses Dunkel bedeutet, was wir jetzt, in diesem Augenblick, unter Finsternis verstehen, könnten wir sie als eine Situation des Mißtrauens, des Nicht-Glaubens bezeichnen. Hinter den Worten, deren sich die Schrift zur Beschreibung der Sündhaftigkeit des Menschen bedient, verbirgt sich vieles, was einen Teil unserer Alltagserfahrung ausmacht: die Furcht des Menschen vor dem Menschen, die Schrecken und Ängste der Stadt, die Furcht vor Überfällen und Gewalt, die Furcht, es könnte jemand noch gerissener sein als wir selbst und uns auf die Schliche kommen, sich in unsere Angelegenheiten einmischen und sie durchkreuzen. Und wenn wir weiter um uns schauen, die Furcht vor der Zukunft, die für einige mit Lebensangst, für andere mit der Furcht vor der

Er kam in sein Eigentum, aber die Seinen nahmen ihn nicht auf. Allen aber, die ihn aufnahmen, gab er Macht, Kinder Gottes zu werden, allen, die an seinen Namen glauben.

Johannesevangelium 1,11 f

Geburt Christi. Aus einem Altarbild eines oberrheinischen Meisters, vermutlich aus Staufen um 1430. Freiburg i. Br., Augustiner-Museum.

Weitergabe des Lebens verbunden ist; dieses Mißtrauen, das unsere Finsternis darstellt, kann so weit gehen, daß es sich in der Furcht vor Gott äußert. Diese Furcht, die Adam als Erster nach dem Sündenfall empfunden hat, die Furcht vor einem Gott, der uns Vorwürfe macht, der uns unseren Egoismus und unsere Sünden vor Augen hält.

In solch einer Atmosphäre des allgemeinen Mißtrauens und der Furcht, die uns das Vertrauen zu allem und allen nimmt, strahlt unversehens das helle Licht auf. Mit anderen Worten drückt der Brief des Apostels Paulus an Titus es aus: „Die Gnade Gottes ist erschienen, um alle Menschen zu retten", das heißt, erschienen ist die gütige, frei geschenkte Barmherzigkeit, mit der Gott zuerst liebt. Angesichts des Mißtrauens der Welt, der gegenseitigen Furcht, die uns befallen und unsere menschlichen Beziehungen gefährden könnte, weckt Gott unser Vertrauen, kommt Gott uns entgegen und schenkt uns soviel Vertrauen, daß er uns seinen Sohn als Kind in die Hände legt.

Das Kind ist das Wesen, das ganz vom Vertrauen lebt: das zutraulich ist, das sich aus der Hand gibt, das glaubt und von Mißtrauen nichts weiß. Gott stellt seinen Sohn als Kind in unsere Mitte als Beispiel für dieses rückhaltlose Zutrauen, dieses Vertrauen. Er vertraut uns so sehr, daß er uns das Teuerste schenkt, was er hat, seinen wehrlosen Sohn.

Sich öffnen zu neuem und brüderlichem Leben

Gott wählt somit zur „Herztherapie" des Menschen in seinem Mißtrauen und seiner Angst die Methode des Dialogs und des Vertrauens. Jesus kommt nicht mit Macht, sondern mit Liebenswürdigkeit, er kommt, um uns das gütige, liebende und geduldige Erbarmen des Vaters vorzustellen, und „erzieht uns" so – wie der Titusbrief (2,12) weiter sagt –, „uns von der Gottlosigkeit und den irdischen Begierden loszusagen". Das heißt, daß Jesus kommt, um uns das Vertrauen zueinander zu lehren und somit alle Umgangsweisen abzulegen und hinter uns zu lassen, die ihrerseits dazu führen könnten, ängstlich oder aggressiv zu werden, uns zu verteidigen oder dem Angriff anderer offensiv zuvorzukommen.

Was der Apostel „irdische Begierden" nennt, sind der Wettstreit mit dem, der seinen Nächsten besser hinters Licht führen kann, und mit dem, der sich besser über den andern hinwegzusetzen vermag, ein Wettstreit, der auf dem Egoismus und der Furcht beruht, der andere könne uns beim Übervorteilen zuvorkommen. Jesus kommt, um uns im Namen

Sich öffnen zu neuem und brüderlichem Leben

Gottes zu einer anderen Haltung zu erziehen, zur Haltung der Güte, des kindlichen Vertrauens zum Vater, der sein Herz öffnet und zum gegenseitigen Vertrauen disponiert.

Aus dieser Haltung ergibt sich – so fährt der Brief des heiligen Paulus an Titus fort –, daß wir „besonnen, gerecht und fromm leben". Besonnenheit ist das Gegenteil von Konsumdenken, von der Gier nach immer neuen Dingen, sie ist die alte und schwierige Tugend, sich begnügen zu können – wie neu klingen diese Worte unseren Ohren in der Welt von heute! –, damit man gerecht leben kann, damit jeder das Seine erhält und niemand den andern aus Egoismus übervorteilt. Die Gnade erzieht uns, wie Paulus sagt, dazu, besonnen, gerecht und fromm zu leben, das heißt ganz offen für wohlwollendes und liebevolles Miteinander.

Diesen neuen Lebensstil lehrt Jesus uns gerade durch die Liebenswürdigkeit seiner kindlichen Gegenwart in unserer Mitte, durch die Gabe seines Geistes, der uns geschenkt wird, durch die gewaltige Macht seines Wortes, das uns verwandelt, durch die Gnade der Sakramente der Versöhnung und der Eucharistie. Was Jesus uns mit seinem Kindsein in unserer Mitte bringt, ist das Programm zu einem neuen und brüderlichen Leben.

Dieses neue Leben in Besonnenheit, Gerechtigkeit und Frömmigkeit führt man, so fährt der heilige Paulus fort, „in der Erwartung der seligen Erfüllung unserer Hoffnung und des Erscheinens der Herrlichkeit unseres großen Gottes und Retters Christus Jesus" (Tit 2,13). Hoffnung und Erwartung: ohne diese zwei Tugenden, können wir einander im Leben kein Vertrauen schenken, da dieses Vertrauen nur allzu oft enttäuscht werden kann.

Wir alle haben schon bittere Erfahrungen gemacht, die uns dazu führen, unser Herz zu verschließen, so daß nur eine große Hoffnung es wieder öffnen kann. Es ist die Hoffnung, die die Kirche uns immer wieder und gerade an Weihnachten verkündigt: Jesus wird erscheinen, Jesus wird unser Leben ausfüllen. Wir leben in dieser Erwartung, in dieser Spannung, die sich dem ersehnten Zukunftsgut entgegenstreckt, der Offenbarung der Fülle des göttlichen Lebens in uns.

Zukunft, über der Licht aufstrahlt

Tragen wir diese Erwartung, diese Hoffnung in unserem Herzen? Wenn sie nicht vorhanden ist, wenn sie kraftlos ist, wird die Haltung des Vertrauens und des Wohlwollens fast unmöglich, weil die Gegebenheiten des Alltags darauf abzielen, sie in uns zu zerstören. Das Fehlen dieser Erwartung, dieser Hoffnung, kann wirklich eine der größten Tragödien unserer Zeit sein: wenn wir uns nur in den Augenblick flüchten, gierig darauf bedacht, ihn restlos auszukosten, oder uns erbittern, weil uns die Gegebenheiten des Augenblicks anekeln und unbefriedigt lassen, wenn wir diese Zukunftssicht und diese Hoffnung auf die Offenbarung der Herrlichkeit Gottes nicht haben, einer Herrlichkeit, die sich jetzt in der Liebenswürdigkeit Jesu zeigt und sich einmal in der Fülle des Reiches zeigen wird –, dann können wir weder Salz der Erde noch Sauerteig sein; dann geraten wir unabweislich ins Schlepptau unserer Alltagserfahrungen, freuen uns, wenn etwas glückt, sind aber schmerzlich betrübt, sobald etwas nicht unseren unmittelbaren Erwartungen entspricht.

Jesus erzieht uns dazu, in der Erwartung der seligen Erfüllung unserer Hoffnung zu leben, in der Erwartung des Erscheinens der Herrlichkeit unseres großen Gottes und Retters Jesus Christus; wir erwarten deine Wiederkunft, wir erwarten die Offenbarung deiner Herrlichkeit, so verkünden wir es jedesmal, wenn wir Eucharistie feiern. Wenn wir die Krippe Jesu betrachten, die Liebenswürdigkeit

Gottes, die unser Mißtrauen und unsere Furcht bezwingt, wollen wir auch die Größe der Hoffnung betrachten, die uns erwartet.

Wir wollen frei und offen über diese Hoffnung reden, über das zukünftige Leben, die Fülle des Lebens in Gott, die Herrlichkeit, die Gott für jeden von uns bereithält, und deren Unterpfand er uns in der Gegenwart Christi in der Eucharistie gewährt. Diese Perspektive der Hoffnung soll Tag für Tag unseren Weg erhellen.

So soll Weihnachten mit allem Leid und allen Schwierigkeiten in der Welt, mit den kleinen Freuden, die wir einander im Namen des Herrn wünschen, der sie gewähren kann, ein Fest sein, das auf die Zukunft der Kirche, auf die Zukunft des Gottesreiches und auf die Zukunft des Volkes ausgerichtet ist, über dem das helle Licht aufstrahlt, das unser Mißtrauen und unsere Ängste bezwingt.

Das Angebot an unsere Freiheit

Gottes Plan

Wir sind in der frohen Gewißheit, der stillen Hoffnung oder wenigstens mit dem unbestimmten Wunsch zu dieser Feier der Eucharistie in der Heiligen Nacht gekommen, ein Wort zu hören, das einmal ganz anders sein sollte als das, was wir sonst im Alltagsleben zu hören bekommen, das aber trotzdem ernstlich und tröstlich zugleich die Gegebenheiten, die Hoffnungen und die Probleme des Alltagslebens aufgriffe. Die Lesung aus dem Propheten Jesaja (vgl. Jes 9,1–3.5–6) hat diese Erwartungen in uns neu aufleben lassen: aber vielleicht hatten wir den Eindruck, daß der Hebräerbrief (vgl. Hebr 1,1–6) und der Johannes-Prolog (vgl. Joh 1,1–18) uns dem Alltagsleben entrückt und in die entlegenen Fernen eines göttlichen Lebens versetzt haben, das vom Vater ausgeht und sich einem geheimnisvollen Wesen mitteilt, das Sohn und Wort Gottes heißt. Wenn man aber den Abschnitt des Johannesevangelium ganz liest und sich nicht auf die

Verse beschränkt, die der Verkündigung in der Liturgie dienen, enthüllt er vor unseren Augen einen Plan, der unser Interesse fesselt.

Er geht aus vom Wort, das beim Vater ist. Dann ist die Rede von der Schöpfertätigkeit des Wortes und von den Gaben des Lebens und des Lichtes, mit denen er alles beschenkt. Das Zeugnis Johannes des Täufers wird erstmals erwähnt und die Ankunft des Wortes bei den Seinen beschrieben. So gelangt man zur dramatischen Gegenüberstellung dessen, der sich dem Wort verweigert, mit dem, der es aufgenommen hat.

Die schon angeklungenen Themen kehren dann in aufsteigender Reihenfolge wieder: die Ankunft und das Verweilen des Wortes bei den Menschen; das Zeugnis des Johannes; die Fülle der vom Wort geschenkten Gnade; seine Mittler-Rolle beim Erweis der Barmherzigkeit und der Treue Gottes: das Leben des Wortes beim Vater.

Kernpunkt des Johannes-Prologs ist das Drama der menschlichen Freiheit. Von uns ist also im Evangelium die Rede, von unserem Alltagsleben, von den Entscheidungen, zu denen unsere Freiheit aufgerufen ist.

Verweigerung oder Zustimmung

Die Frage nach dem Sinn der Freiheit ist von grundlegender Bedeutung. (Man denke zum Beispiel an den weit verbreiteten Ruf nach Beachtung sittlicher Normen und auf das Verlangen nach Neubegründung ethischer Wertvorstellungen.)

Das Evangelium hält sich nicht bei der Beschreibung freiheitlicher Methoden auf, sondern kommt gleich zum Kern der Sache, zum „Ernstfall". Die Freiheit ist entweder Verweigerung oder Zustimmung.

Die Verweigerung zeitigt das Böse. Wir klagen so sehr über das Böse im Leben und in unserer Gesellschaft. Haben wir aber den Mut, dem Bösen an die Wurzel zu gehen? Soziologische Analysen sind nützlich, aber wir müssen tiefer gehen: das Böse hat seine Ursache darin, daß wir nicht sehen wollen, daß wir den Menschen weder Zeit noch Aufmerksamkeit schenken, daß wir die Geduld nicht aufbringen, uns zu fragen, worin eigentlich das Wohlwollen besteht, das wir angeblich für die andern hegen. Wenn wir den Willen hätten, hinzuschauen, wenn wir den Mut hätten, uns einzusetzen, wenn wir die Geduld besäßen, die verschiedenen Formen des Guten, denen wir begegnen, genau anzuschauen, würden wir die Entdeckung machen, daß sie uns immer weiter über sich hinaus verweisen, hin zu einem Leben, einem Licht, einer Gnade, einer Barmherzigkeit und einer Treue, die die Gottesgaben sind, die Jesus uns gebracht hat.

Das Böse ergibt sich also aus der Ablehnung Christi. Parallel dazu erweist sich die freie Hinwendung zum Guten als ein Annehmen Christi. Sie ist sogar ganz besonders das Annehmen dessen, den man abgelehnt und verfolgt hat. Das Licht hebt sich von der Finsternis ab; das Wort erfährt die Ablehnung der Seinen. Das Wort wird Fleisch, d.h. Mensch, der leidet und Haß und Tod ausgeliefert wird. Auch das Lukasevangelium betont das Thema des „Keinen-Platz-Findens": Jesus wird in eine Krippe gelegt, weil sonst „kein Platz für ihn da war". Die Freiheit nimmt Christus auf; sie geht mit ihm geduldig den langen, schmerzlichen Weg, den seine Liebe gegangen ist, um dem Menschen das wahre Gut zu zeigen, das aus dem Herzen des Vaters stammt.

Dem Herrn „Platz machen"

Die knappe und geraffte Verkündigung des Evangeliums von der Freiheit als gastlicher Aufnahme, als eines „Platzmachens", läßt sich

Und das Wort ist Fleisch geworden und hat unter uns gewohnt, und wir haben seine Herrlichkeit geschaut, die Herrlichkeit des einzigen Sohnes vom Vater, voll Gnade und Wahrheit.

Johannesevangelium 1,14

Anbetung der Könige. Miniatur des Priesters Isidorus, Evangeliar um 1170. Padua, Domschatz.

mit einer Vielzahl von konkreten Beispielen, täglichen Begebenheiten und praktischen Hinweisen näher ausführen.

Dieses „Platzmachen" kann man der ungeduldigen und selbstherrlichen Hast gegenüberstellen, mit der man in unserer Gesellschaft persönliche Angelegenheiten in der Familie, in der Ehevorbereitung, in der Erziehung oder in der Begegnung mit Freunden erledigt.

Man kann es dem ausgesprochenen Konflikt gegenüberstellen, der in der Welt der Arbeit zwischen den Erfordernissen der Produktion und den Ansprüchen besteht, die zu eisernen Gesetzen, abstrakten Prinzipien und unabänderlichen Zielen werden, die mit dem konkreten Leben der Menschen nichts mehr zu tun haben.

Man kann es der hartherzigen Gleichgültigkeit gegenüberstellen, die wir angesichts der unzähligen Fälle von Bedürftigkeit, Not, äußerster Armut und sozialer Entwurzelung an den Tag legen, die neben dem Luxus und der Verschwendung unseres Stadtlebens einhergehen.

Wenn wir so für die Menschen „keinen Platz haben", so hat das letztlich seinen Grund darin, daß wir im Herzen der Haltung des besinnlichen Nachdenkens, des Mitleids und der stillen Betrachtung des göttlichen Geheimnisses „keinen Platz einräumen".

Das Weihnachtsfest stellt uns vor die unbegrenzte Möglichkeit des Heils, die uns durch den Eintritt des Gotteswortes in unsere Geschichte erschlossen worden ist. Der heilige Johannes sagt uns, daß diese Möglichkeit nicht von selbst zur Wirklichkeit wird. Sie ist ein Angebot an unsere Freiheit, das sie ablehnen oder annehmen kann. Weihnachten feiern heißt, dem Herrn „Platz machen", der kommt.

Was in den Augen Gottes zählt

Haben die ersten Christen Weihnachten gefeiert? Das entzieht sich unserer Kenntnis. Die ältesten Spuren eines Weihnachtsfestes reichen bis ins vierte Jahrhundert nach Christus. Die christliche Festfeier schlechthin war von Anfang an nur eine: die des Todes und der Auferstehung Jesu im Zusammenhang mit dem jüdischen Paschafest, die dann jeweils am ersten Tag nach dem Sabbat, das heißt am Sonntag, dem „Tag des Herrn", wiederholt wurde.

Erst viel später kam es zur Bildung eines Jahresfestkreises, in dem dann auch das Weihnachtsfest seinen Platz fand, das immer mehr das Gepräge eines Volksfestes annahm. Der heilige Franz von Assisi hat mit seiner „lebenden Krippe" zu dieser Entwicklung einen wichtigen Beitrag geleistet.

Doch der Zauber von „Weihnachten", das heißt der tatsächlichen Umstände der Geburt Jesu findet sich seit dem ersten Jahrhundert bereits in den ältesten Texten und ruft sehr bald, etwa vom zweiten Jahrhundert an, eine volkstümliche Erbauungsliteratur ins Leben, die gefühls- und legendenträchtig ist, die sogenannten „apokryphen Kindheitsevangelien".

Aufforderung zum Öffnen des Herzens

Die ursprünglichen Texte sind viel nüchterner. Sie machen uns keine detaillierten Angaben über die Geburt, es sei denn, daß sie sich in der Umgebung von Betlehem zugetragen und daß man das Kind in eine Krippe gelegt hat, die sonst dem Vieh diente. Diese Einzelheit wird beim Evangelisten Lukas gleich dreimal erwähnt und bildet vielleicht einen leisen, aber bedeutsamen Hinweis für das richtige Verständnis dieses ganzen Berichtes.

Das Kind, das da auf die Welt gekommen ist, ist in gewissem Sinn ein Kind wie alle anderen. Man würde bei ihm vergebens nach einem Hinweis auf seinen göttlichen Ursprung suchen. Aber die außerordentlich heikle Art seiner ersten Unterbringung, mit der nicht einmal die armen Beduinenhirten einverstanden gewesen wären, die wenigstens noch auf ihr eigenes Zelt stolz waren, läßt doch alle stutzen, die zufällig vorüberkommen oder sich von einer Stimme aus der Höhe herbeigerufen fühlen.

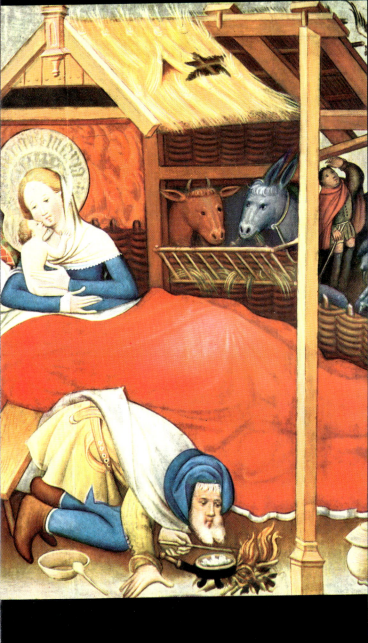

Als die Zeit erfüllt war, sandte Gott seinen Sohn, geboren von einer Frau und dem Gesetz unterstellt, damit er die freikaufte, die unter dem Gesetz stehen, und damit wir die Sohnschaft erlangten.

Galaterbrief 4,4f

Geburt Christi. Konrad von Soest, aus dem Niederwildunger Altar, 1403. Bad Wildungen, Stadtkirche St. Nikolaus.

Die Notlage dieser jungen obdachlosen Familie ist für jedermann, auch für Ungläubige, eine Aufforderung zum Öffnen des Herzens.

Mehr Sein als Haben

Wer aber mit den Augen des Glaubens hinzutritt, erkennt dort auch noch einen unübersehbaren Hinweis, auch für Zeiten gehobeneren Wohlstandes, auf das, was in den Augen Gottes zählt und was nicht zählt.

Diese zweifache Predigt des ersten Weihnachtsfestes hat auch für unseren engeren Lebensbereich wie auch für unsere ganze westliche Zivilisation eine Durchschlagskraft, die auch von unseren lieblichen Weihnachtsliedern kaum abgeschwächt wird.

Mitten unter uns gibt es so viele, die kein Zuhause, keine Arbeit und keinen Schutz haben; und viele, für die ihr Heim kein Zuhause ist, weil die Liebe erstorben oder erkaltet ist.

Und es gibt so viele – besser sagen wir: wir sind so viele –, die an Christus zu glauben behaupten und verkünden, daß das Kind in der Krippe ihr Herr und Meister ist, die aber, wenn es um die praktische Hierarchie der Werte geht, das Haben weit über das Sein setzen.

Das Haben ist keine Sünde: auch Jesus wird einmal sein eigenes Haus, seine Arbeit und einen würdigen Lebensstil haben, wie er der Handwerkerklasse in seinem Volk angemessen ist. Aber es ist eine Sünde, das Haben den wichtigsten Werten des Seins vorzuziehen.

Es gibt nichts, weder im persönlichen noch im gesellschaftlichen, politischen oder kirchlichen Bereich, was sich diesem Prinzip nicht beugen müßte.

Das ist das schwierige „moralische Problem", aus dem so viele Übel unserer Zeit erwachsen.

Das ist der Zauber des Weihnachtsfestes, der stärker ist als all die bunten Lichter, die der Konsumrausch aufsteckt: ein Sinn für das Leben, für den Menschen, für das Einfache, dem niemand sich entziehen möchte, weil er wahr und echt ist.

Wer mit den Augen des Herzens und der Einsicht des Glaubens über sich hinaus zu sehen gelernt hat, entdeckt dort den Keim der Präsenz, die den Menschen zur vollen Wahrheit seiner selbst führen will.

Weihnachten für die Stadt und für die Welt

Wie können wir heute am Weihnachtsfest, das wir zusammen feiern, alles zum Ausdruck bringen, was uns das Herz erfüllt und uns geheimnisvoll durch das Band des Glaubens und des Gebetes miteinander eint? Wie können wir all die Gedanken aufgreifen und unverfälscht an unsere Brüder weitergeben, all die Erinnerungen und Empfindungen, die gerade jetzt in uns aufsteigen und aus dem Herzen hervortreten möchten, um sich den anderen liebevoll mitzuteilen?

Wir denken an Vergangenes, sehen die Gesichter der Menschen wieder, die nicht mehr unter uns sind, alle Weihnachtsfeste unseres Lebens, auch die, die wir unter anderen Umständen gefeiert haben, vielleicht noch schwierigeren als den heutigen. Mit den Bildern und Erinnerungen von früher stehen auch die Bilder von heute vor uns, das Leben unserer Zeit, alles, was um uns ist und jetzt unser Herz erfüllt.

Für mich ist dies das erste Weihnachtsfest als Bischof in Mailand, dieser Stadt mit ihrem

Reichtum an menschlichen Werten, an Herzlichkeit und großen Werken; eine Stadt, die in mancherlei Hinsicht so voller Gegensätze wie ehrlich und liebevoll ist. Hier bei uns wie andernorts umgeben uns Menschen, die vom Leid gebeugt sind: Erdbebenopfer, Obdachlose, Menschen, deren ratlose Gesichter uns auf Bildern angesehen haben, Familien, die von der Geißel des Terrors getroffen wurden und immer noch auf die Rückkehr ihrer Lieben warten, die entführt wurden, die Weihnachten in der Erwartung verbringen, daß doch endlich jemand kommen müßte.

Liebe, die sich im Kind offenbart

Auf dem Grund all dessen, was unser derzeitiges und unser vergangenes Leben ausmacht, entdecken wir, wie in einem geheimnisvollen Punkt in Raum und Zeit, die Gestalt der Mutter, Maria, mit ihrem Kind, Jesus. Diese Szene möchte uns inmitten der schwierigen Weltlage, der Belange und der Probleme der Menschheit sogar allzu schlicht vorkommen; und doch ist es diese so schlichte Szene mit der Mutter und dem Kind, auf die unsere Blicke gerichtet sind, die das Geheimnis des Weihnachtsfestes vor uns erstehen läßt. Wir

Liebe, die sich im Kind offenbart

möchten Maria, die Muttergottes, die ihren Sohn Jesus vor sich liegen hat, fragen, was sie empfindet, da sie diese tiefe Lebenswirklichkeit in sich erfährt, welche Worte sie uns in den Mund legt, um die einzigartige Bedeutung des Geheimnisses auszudrücken, das – so klein und schlicht es auch ist – die Welt mit seinem Licht erfüllt.

Wenn wir sie an der Krippe vor ihrem Jesus betrachten, schweigt Maria und sagt nicht ein Wort; sie schaut auf ihren Sohn, umarmt ihn, liebkost ihn, betet ihn still an und lehrt uns die Haltung, zu der auch wir aufgefordert sind: die Haltung stiller Anbetung des göttlichen Geheimnisses mitten unter uns. Ich könnte es nicht in Worte fassen, es ist kein Geheimnis, das man rational erklären könnte, so daß man sich damit zufrieden gäbe, da es uns immer überwältigt und uns sprachlos in seinen Bann schlägt wie Maria vor ihrem Kind. Sprachloses Staunen, weil Gott uns trotz des äußeren Anscheins, trotz allem, was die Stimmen um uns herum uns an Gegenteiligem glauben machen möchten, liebt, weil wir von ihm geliebt werden, weil jeder einzelne von uns Ziel, Gegenstand und geliebte Person einer geheimnisvollen und unsäglichen Liebe ist; einer Liebe, die aus der Ewigkeit kommt und sich in der Zeit in diesem Kind offenbart, das Maria uns in die

Hände legt. Und von dem Kind erstrahlt ein großes Licht durch die Welt, eine große Hoffnung, die sich heute unserer Gebrechlichkeit und unserem eingeschüchterten Herzen anheimgibt, damit wir sie nach Haus tragen; die grenzenlose Liebe Gottes, der uns nahe ist, der Mensch werden will, um unser Leben, unsere Leiden und unseren Tod mit uns zu teilen und uns zu lehren, mit seinem Gottvertrauen, seiner Liebe und seiner Hoffnung zu leben.

Das Geheimnis wird Wirklichkeit

Im Namen dieses Kindes, das wir unter uns verehren, das wir in der Eucharistie anbeten, wird das Geheimnis des Geburtsfestes Jesu Christi für den Menschen, für jeden Menschen Wirklichkeit. Jesus nähert sich einem jeden von uns, um uns zu seinen Brüdern und zu Kindern Gottes zu machen: „Allen, die ihn aufnahmen, gab er Macht, Kinder Gottes zu werden" (Joh 1,12). Er ist das Leben eines jeden Menschen, der in diese Welt kommt, jeden Menschen erleuchtet er, und niemand ist von diesem Lichte, von der Macht der Liebe, die dieses Kind darstellt und mitten unter uns bringt, ausgeschlossen.

Barmherziger Gott, durch die Geburt deines Sohnes aus der Jungfrau Maria hast du der Menschheit das ewige Heil geschenkt. Laß uns immer und überall die Fürbitte der gnadenvollen Mutter erfahren, die uns den Urheber des Lebens geboren hat, Jesus Christus, deinen Sohn, unseren Herrn und Gott ...

Tagesgebet vom Hochfest der Gottesmutter Maria

Maria mit Kind. Ikone aus Konstantinopel, 14. Jahrhundert. Athen, Benaki-Museum.

Auch für die Stadt wird Weihnachten Wirklichkeit, die Stadt, von der uns der Prophet Jesaja mit den Worten kündet: „Brecht in Jubel aus, jauchzt alle zusammen, ihr Trümmer Jerusalems! Denn der Herr tröstet sein Volk, er erlöst seine Stadt." Wenn die Stadt sich diese Botschaft der Brüderlichkeit wiederum zu eigen machen kann, die uns sagt, daß Gott uns liebt und wir einander als Brüder annehmen können, dann wird sie gerettet, dann wird sie wieder aufgebaut, dann werden die eingestürzten Mauern sich wieder im Zeichen der Liebe und der Großmut erheben.

Weihnachten für die Stadt und Weihnachten für die Welt. Die ganze Welt kann in dem Kind, dem Sohne Gottes, die Herrlichkeit des Vaters schauen, der sich in unserer Menschennatur offenbart und uns zur Hoffnung und zum Leben in seinem Reich beruft.

Für die Überlassung der Bildvorlagen dankt der Verlag: Roto Smeets, Weert (11 53 61), P. Gerhard Ruf OFM Conv. (2), Herrn Benedikt Rast (27), Scala Florenz (19 47), Herrn Alfred Kutschera (35).
Der Beitrag „Was in den Augen Gottes zählt" (S. 51–56) erschien ursprünglich in der Tageszeitung „Corriere della sera" vom 12. 12. 1982 unter dem Titel „Natale, la vera questione morale" (aufgenommen in: C. M. Martini, Un popolo, una terra, una chiesa, Edizioni Dehoniane Bologna 1983).

Vom gleichen Autor im Verlag Herder erschienen:

Dein Stab hat mich geführt
Geistliche Weisung von Mose zu Jesus

„Das Buch versucht, den Moses des Alten Testaments und Jesus in Zusammenhang zu sehen. Biblische Meditationen und geistliche Besinnungen wechseln ab. Der Leser wird persönlich angesprochen, zum Nachdenken angeregt und eingeladen, das Wagnis des Glaubens anzunehmen" (Die Presse, Wien)
2. Auflage. 240 Seiten, gebunden. ISBN 3-451-19083-4

Damit ihr Frieden habt
Geistliches Leben nach dem Johannesevangelium

„Das Buch des Mailänder Erzbischofs ist wie ein Wegweiser, um in die Weisheit des Glaubens einzudringen. Kardinal Martini leitet den Leser dazu an, auf die tiefgründige johanneische Botschaft so zu hören, daß sie in sein eigenes Leben eingreift" (Deutsche Tagespost)
240 Seiten, gebunden. ISBN 3-451-19550-X

Und sie gingen mit ihm
Der Weg des Christen nach dem Markusevangelium

Aus dem für die Urkirche geschriebenen Zeugnis des Markus entwickelt der Kardinal von Mailand, Carlo M. Martini, Stufen auf dem Weg zum Glauben. Er hilft, den Glauben neu zu entdecken, Leben zu lernen; letztlich sich vom Wort ergreifen zu lassen und – wie die zwölf Apostel – Jesus nachzufolgen.
144 Seiten, gebunden. ISBN 3-451-19742-1

Verlag Herder Freiburg · Basel · Wien